UNA VIDA REVOLUCIONARIA

LIBRO 3 – EL SACRIFICIO NECESARIO

Basado en el libro:
Che Guevara: A Revolutionary Life
Copyright © 1997, Jon Lee Anderson
All rights reserved

Copyright © Jon Lee Anderson, 2017
Copyright © José García Hernández, 2017

Primera edición: 2017

Copyright © Editorial Sexto Piso S.A. de C.V., 2017
París 35-A
Colonia del Carmen, Coyoacán
04100, Ciudad de México.

Sexto Piso España, S. L.
C/ Los Madrazo, 24, semisótano izquierda
28014, Madrid, España.

www.sextopiso.com

Diseño
DonDani

ISBN: 978-607-9436-81-0

Impreso en México

UNA VIDA REVOLUCIONARIA

★ LIBRO 3 – EL SACRIFICIO NECESARIO ★

JON LEE ANDERSON ★ JOSÉ HERNÁNDEZ

sextopiso

"Mi CASA RODANTE VOLVERÁ A
TENER DOS PIES Y MIS SUEÑOS
NINGÚN LÍMITE, AL MENOS
HASTA QUE HABLEN LAS BALAS."

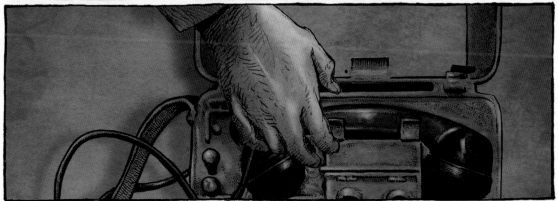

LA HIGUERA, BOLIVIA.
8 DE OCTUBRE DE 1967.

¿QUÉ LO HIZO VENIR A OPERAR A NUESTRO PAÍS?

¿NO VE EL ESTADO EN QUE VIVEN LOS CAMPESINOS? SON CASI SALVAJES, VIVEN EN UN ESTADO DE POBREZA INDIGNANTE; TIENEN UN SOLO CUARTO DONDE DORMIR Y COCINAR, NADA DE ROPA; ABANDONADOS COMO ANIMALES.

LO MISMO QUE EN CUBA.

NO, ESO NO ES VERDAD. LOS CAMPESINOS ALLÁ TIENEN LA ILUSIÓN DE PROGRESO...

EL BOLIVIANO VIVE SIN ESPERANZAS. ASÍ COMO NACE, MUERE, SIN VER MEJORAS EN SU CONDICIÓN HUMANA.

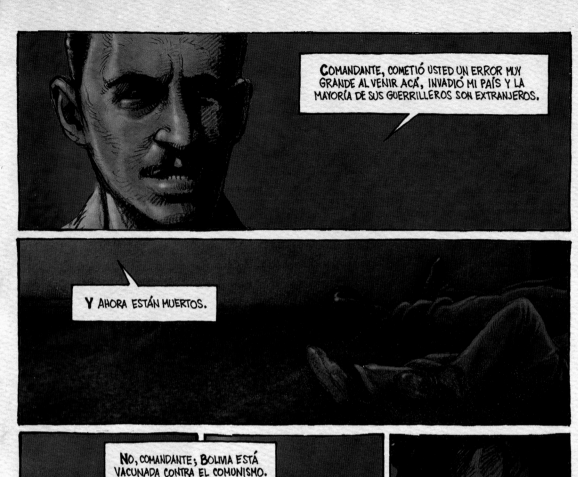

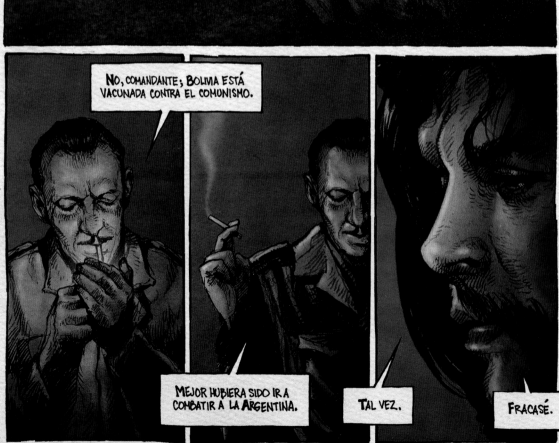

SE ACABÓ...

CHE

UNA VIDA REVOLUCIONARIA

LIBRO 3

EL SACRIFICIO NECESARIO

TIME

THE WEEKLY NEWSMAGAZINE

COMMUNISM'S WESTERN BEACHHEAD

CUBA'S
CHE GUEVARA

TY FIVE CENTS

VOL. LXXV N

"QUERIDO MAESTRO LEÓN FELIPE:

"EL OTRO DÍA ASISTÍ A UN ACTO DE GRAN SIGNIFICACIÓN PARA MÍ. LA SALA ESTABA ATESTADA DE OBREROS ENTUSIASTAS Y HABÍA UN CLIMA DE HOMBRE NUEVO EN EL AMBIENTE.

"ME AFLORÓ UNA GOTA DEL POETA FRACASADO QUE LLEVO DENTRO DE MÍ Y RECURRÍ A USTED PARA POLEMIZAR A LA DISTANCIA.

"ES MI HOMENAJE; LE RUEGO QUE ASÍ LO INTERPRETE.

"CON SINCERA ADMIRACIÓN Y APRECIO,

COMANDANTE CHE GUEVARA."

SI USTEDES ME PERMITEN, LES VOY A EMPUJAR UN PEQUEÑO VERSITO... NO SE PREOCUPEN; NO ES DE MI INSPIRACIÓN.

ES UN POEMA ESCRITO POR UN VIEJO POETA QUE ESTÁ LLEGANDO AL FINAL DE SU VIDA, QUE VIO LA CAUSA POLÍTICA QUE DEFENDIERA, LA REPÚBLICA ESPAÑOLA, CAER HACE AÑOS, Y QUE DESDE ENTONCES VIVE EN EL EXILIO EN MÉXICO. DICE ASÍ: ...

"EL HOMBRE ES UN NIÑO LABORIOSO Y ESTÚPIDO QUE HA CONVERTIDO EL TRABAJO EN UNA SUDOROSA JORNADA, CONVIRTIÓ EL PALO DEL TAMBOR EN UNA AZADA Y EN VEZ DE TOCAR SOBRE LA TIERRA UNA CANCIÓN DE JÚBILO, SE PUSO A CAVAR...

"QUIERO DECIR QUE NADIE HA PODIDO CAVAR AL RITMO DEL SOL, Y QUE NADIE TODAVÍA HA CORTADO UNA ESPIGA CON AMOR Y CON GRACIA."

ÉSA ES PRECISAMENTE LA ACTITUD DE LOS DERROTADOS DENTRO DE OTRO MUNDO, OTRO MUNDO QUE NOSOTROS YA HEMOS DEJADO AFUERA FRENTE AL TRABAJO...

Y ES, EN TODO CASO, LA ASPIRACIÓN DE VOLVER A LA NATURALEZA... ...LA ASPIRACIÓN DE CONVERTIR EN UN FUEGO EL VIVIR COTIDIANO.

¡No, Che! Sería un error participar directamente en el conflicto.

No puedes pretender cumplir el papel de **Tarzán**, el hombre blanco que conduce y protege a los negros.

No se trata de una lucha dentro de fronteras, sino de una guerra contra el amo común, omnipresente tanto en **Mozambique** como en **Malawi**, **Rodesia** o **Sudáfrica**, el **Congo** o **Angola**.

No sé, Che...

Eso sólo puede terminar mal.

"HAY QUE DECIRLO CON TODA SINCERIDAD, EN UNA REVOLUCIÓN VERDADERA A LA QUE SE LE DA TODO, DE LA CUAL NO SE ESPERA NINGUNA RETRIBUCIÓN MATERIAL, LA TAREA DEL REVOLUCIONARIO DE VANGUARDIA ES A LA VEZ MAGNÍFICA Y ANGUSTIOSA.

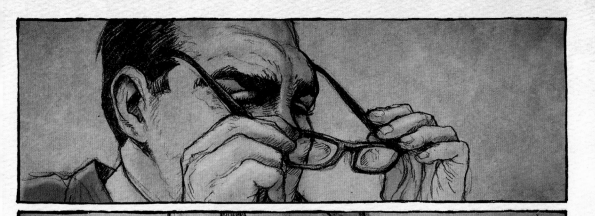

"EL REVOLUCIONARIO VERDADERO ESTÁ GUIADO POR GRANDES SENTIMIENTOS DE AMOR. ES IMPOSIBLE PENSAR EN UN REVOLUCIONARIO AUTÉNTICO SIN ESTA CUALIDAD.

"Los dirigentes tenemos que pagar un precio, una cuota de sacrificio, conscientes de avanzar con todos hacia el hombre nuevo que se vislumbra en el horizonte."

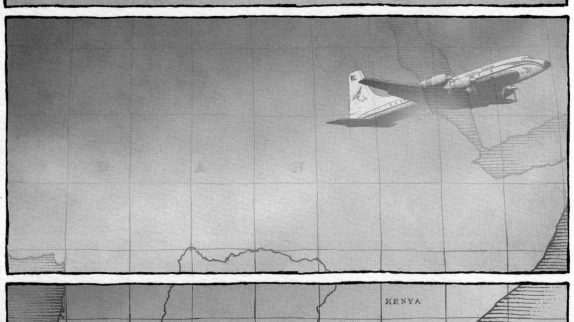

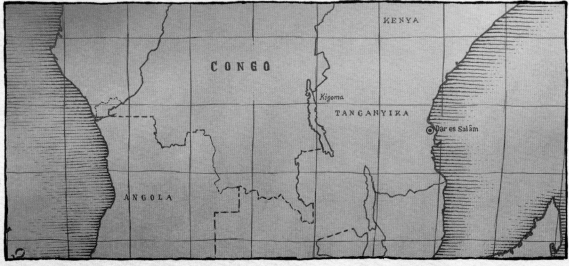

DAR ES SALAM,
TANZANIA.
ABRIL DE 1965.

"DEJABA ATRÁS CASI ONCE AÑOS DE TRABAJO
PARA LA REVOLUCIÓN CUBANA AL LADO DE FIDEL,
UN HOGAR FELIZ, HASTA DONDE PUEDE LLAMARSE
HOGAR LA VIVIENDA DE UN REVOLUCIONARIO
CONSAGRADO A SU TAREA, Y UN MONTÓN DE HIJOS
QUE APENAS SABÍAN DE MI CARIÑO.

"SE REINICIABA EL CICLO."

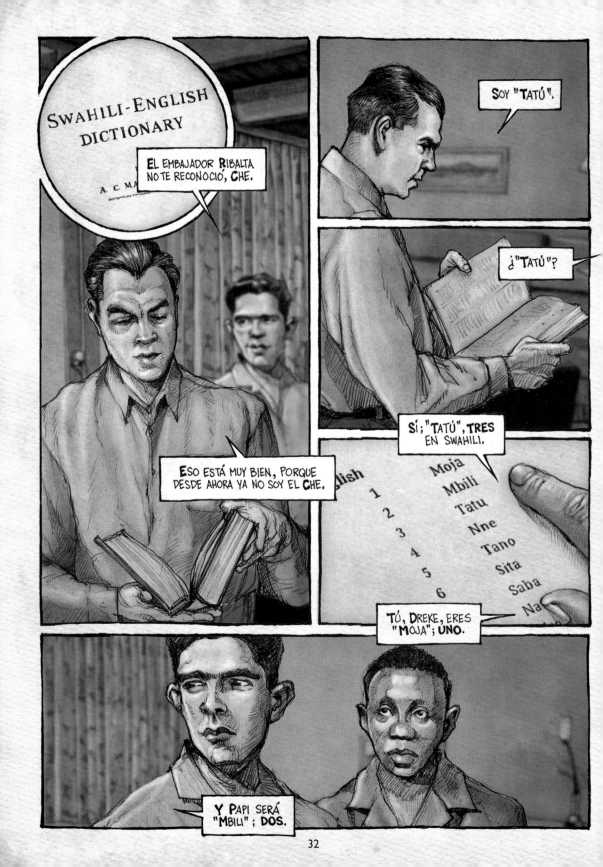

¿CUÁNTO TIEMPO, VAMOS A ESPERAR AQUÍ, CHE?

CHE NO; TATÚ.

EN LO QUE LLEGA KABILA, EL LÍDER REBELDE, HABLÉ CON CHAMALESO, SU REPRESENTANTE. LE DIJE QUE NOSOTROS SOMOS LA AVANZADA DEL CONTINGENTE CUBANO PROMETIDO.

LA COSA ESTA ASÍ: EL AÑO PASADO LOS REBELDES TOMARON LA CIUDAD DE STANLEYVILLE Y PROCLAMARON LA REPÚBLICA POPULAR DEL CONGO. EL TRÍO GOBERNANTE: TSHOMBÉ, MOBUTU Y KASAVUBU CONTRATARON MERCENARIOS PARA ENFRENTAR A LOS REBELDES.

¿CUÁLES SON LAS VENTAJAS DE LA LUCHA EN ÁFRICA?

LA LUCHA DE LOS REBELDES TIENE AMPLIO APOYO POPULAR.

"Y FINALMENTE, EL CONFLICTO YA ESTÁ ENCENDIDO EN TODO EL CONTINENTE. NO ES NECESARIO CREAR LAS CONDICIONES."

LAGO TANGANICA, CONGO.

VEN ACÁ, CHAMALESO, ¿QUÉ ES ESO DE LA DAWA?

ES UNA POCIÓN, UNA MEDICINA MÁGICA HECHA DE JUGOS DE YERBAS. SE ECHA SOBRE EL COMBATIENTE Y LO PROTEGE CONTRA TODA CLASE DE ARMAS.

LA CREENCIA ES TAN FUERTE, QUE NADIE VA AL COMBATE SIN HACERSE LA DAWA.

NO ME GUSTA NADA.

ESCUCHA, CHAMALESO, HAY ALGO QUE DEBES SABER, YO QUERÍA ESPERAR A KABILA, PERO MEJOR TE LO DIGO DE UNA VEZ...

YO SOY EL CHE.

BUENOS AIRES.

" MI QUERIDO ERNESTO:
¿MIS CARTAS TE PARECEN EXTRAÑAS? NO SÉ SI HEMOS PERDIDO
LA NATURALIDAD CON QUE SOLÍAMOS HABLARNOS O SI NUNCA
LA TUVIMOS Y SIEMPRE HEMOS HABLADO CON ESE TONO LEVEMENTE
IRÓNICO QUE USAMOS EN LAS ORILLAS DEL PLATA.

"LEÍ TU ÚLTIMA CARTA COMO LEO LAS NOTICIAS, DESCIFRANDO O TRATANDO DE DESCIFRAR LOS VERDADEROS SIGNIFICADOS Y LAS IMPLICACIONES DE CADA FRASE.

"EL RESULTADO HA SIDO UN MAR DE CONFUSIÓN Y UNA MAYOR ANSIEDAD Y ALARMA.

"NO ES UNA MADRE LA QUE HABLA, ES UNA VIEJA QUE ESPERA VER EL MUNDO ENTERO CONVERTIDO AL SOCIALISMO.

" Si TODOS LOS CAMINOS EN CUBA SE TE HAN CERRADO POR CUALQUIER RAZÓN, EN ARGEL HAY UN SEÑOR BEN BELLA QUE APRECIARÍA QUE LE ORGANIZARAS LA ECONOMÍA."

" O UN SEÑOR NKRUMAH EN GHANA QUE AGRADECERÍA LA MISMA AYUDA.

" Sí, SIEMPRE SERÁS UN EXTRANJERO. PARECE SER TU DESTINO PERMANENTE. "

TELEGRAFO DEL ESTADO

REPUBLICA DE CUBA
MINISTERIO DE COMUNICACIONES

T E L E G R A M A

10 mayo 1965 2.45 pm

Comandante Ernesto Guevara
Ministro de Industrias,
La Habana

Tu madre muy enferma quiere verte.

Te abraza tu amigo.

Ricardo Rojo.

DALE, COMPAY; SÓLO
LLEVAS TU ARMA,
¿POR QUÉ NO CARGAS
MÁS COSAS?

MIMI HAPANA MOTOCAR.

¿QUÉ DIJO?

QUE NO ES UN CAMIÓN.

41

¡PERO QUÉ MANGANZÓN, COÑO! ¿POR QUÉ NO CARGA MÁS COSAS?

MIMI HAPANA CUBAN.

¿QUÉ COSA DIJO AHORA?

DICE QUE NO ES CUBANO.

"LOS AFRICANOS ATRIBUYERON LA DERROTA A UNA MALA 'DAWA' Y DECÍAN QUE SU 'MUGANGA', SU BRUJO, ERA INEFICIENTE.

"CASI NADIE TIENE IDEA DE LO QUE ES UN ARMA DE FUEGO. JUGANDO CON ELLAS, O POR DESCUIDO, SE DISPARAN.

"LOS REBELDES BEBEN 'POMBE', UN LICOR A BASE DE MAÍZ Y YUCA. EL ESPECTÁCULO DE LAS RIÑAS, INTOXICACIONES Y FALTAS A LA DISCIPLINA ES TAN FRECUENTE QUE RESULTA ANGUSTIOSO.

"HA LLEGADO OSMANY CIENFUEGOS A LA CABEZA DE UN CONTINGENTE DE DIECISIETE CUBANOS. EN GENERAL, LAS NOTICIAS QUE TRAÍA ERAN MUY BUENAS.

"PERSONALMENTE, SIN EMBARGO, TRAJO PARA MÍ LA NOTICIA MÁS TRISTE DE LA GUERRA: EN CONVERSACIONES TELEFÓNICAS DESDE BUENOS AIRES, INFORMABAN QUE MI MADRE ESTABA MUY ENFERMA, CON UN TONO QUE HACÍA PRESUMIR QUE ÉSE ERA SIMPLEMENTE UN ANUNCIO PREPARATORIO.

"TUVE QUE PASAR UN MES EN LA INCERTIDUMBRE, ESPERANDO LOS RESULTADOS DE ALGO QUE ADIVINABA PERO CON LA ESPERANZA DE QUE HUBIERA UN ERROR EN LA NOTICIA...

"HASTA QUE LLEGÓ LA CONFIRMACIÓN DEL DECESO DE MI MADRE."

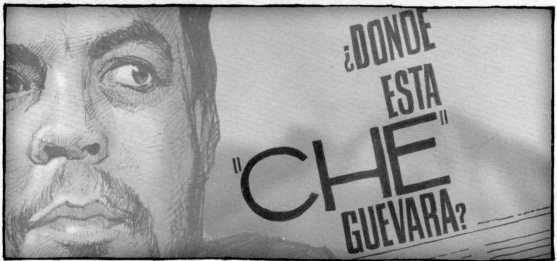

HAY UNA AUSENCIA EN NUESTRO COMITÉ CENTRAL, DE QUIEN POSEE TODOS LOS MÉRITOS Y TODAS LAS VIRTUDES NECESARIAS EN EL GRADO MÁS ALTO PARA PERTENECER A ÉL...

Y QUE, SIN EMBARGO, NO FIGURA ENTRE LOS MIEMBROS DE NUESTRO COMITÉ CENTRAL.

PARA EXPLICAR ESTO, VAMOS A LEER UNA CARTA, AQUÍ, DE PUÑO Y LETRA, AQUÍ, TRANSCRIPTA A MANO, DEL COMPAÑERO ERNESTO GUEVARA, QUE POR SÍ MISMA SE EXPLICA...

Y DICE ASÍ:

"HABANA. AÑO DE LA AGRICULTURA.

"FIDEL: ME RECUERDO EN ESTA HORA DE MUCHAS COSAS, DE CUANDO TE CONOCÍ EN CASA DE MARÍA ANTONIA, DE CUANDO ME PROPUSISTE VENIR A CUBA, DE TODA LA TENSIÓN DE LOS PREPARATIVOS.

"UN DÍA PASARON PREGUNTANDO A QUIÉN SE DEBÍA AVISAR EN CASO DE MUERTE Y LA POSIBILIDAD REAL DEL HECHO NOS GOLPEÓ A TODOS. DESPUÉS SUPIMOS QUE ERA CIERTO, QUE EN UNA REVOLUCIÓN SE TRIUNFA O SE MUERE (SI ES VERDADERA).

"HOY TODO TIENE UN TONO MENOS DRAMÁTICO, PORQUE SOMOS MÁS MADUROS, PERO EL HECHO SE REPITE. SIENTO QUE HE CUMPLIDO LA PARTE DE MI DEBER QUE ME ATABA A LA REVOLUCIÓN CUBANA EN SU TERRITORIO Y ME DESPIDO DE TI, DE LOS COMPAÑEROS, DE TU PUEBLO, QUE YA ES MÍO.

"HAGO FORMAL RENUNCIA DE MIS CARGOS EN LA DIRECCIÓN DEL PARTIDO, DE MI PUESTO DE MINISTRO, DE MI GRADO DE COMANDANTE, DE MI CONDICIÓN DE CUBANO.

"NADA LEGAL ME ATA A CUBA...

"SÉPASE QUE LO HAGO CON UNA MEZCLA DE ALEGRÍA Y DOLOR: AQUÍ DEJO LO MÁS PURO DE MIS ESPERANZAS DE CONSTRUCTOR Y LO MÁS QUERIDO ENTRE MIS SERES QUERIDOS...

"Y DEJO UN PUEBLO QUE ME ADMITIÓ COMO UN HIJO; ESO LACERA UNA PARTE DE MI ESPÍRITU.

"DIGO UNA VEZ MÁS QUE LIBERO A CUBA DE CUALQUIER RESPONSABILIDAD, SALVO LA QUE EMANE DE SU EJEMPLO.

"QUE SI ME LLEGA LA HORA DEFINITIVA BAJO OTROS CIELOS, MI ÚLTIMO PENSAMIENTO SERÁ PARA ESTE PUEBLO Y ESPECIALMENTE PARA TI...

"QUE NO DEJO A MIS HIJOS Y MI MUJER NADA MATERIAL Y NO ME APENA: ME ALEGRA QUE ASÍ SEA, QUE NO PIDO NADA PARA ELLOS, PUES EL ESTADO LES DARÁ LO SUFICIENTE PARA VIVIR Y EDUCARSE...

"OTRAS TIERRAS DEL MUNDO RECLAMAN EL CONCURSO DE MIS MODESTOS ESFUERZOS. YO PUEDO HACER LO QUE TE ESTÁ NEGADO POR TU RESPONSABILIDAD AL FRENTE DE CUBA. Y LLEGÓ LA HORA DE SEPARARNOS.

"HASTA LA VICTORIA SIEMPRE.
¡PATRIA O MUERTE!
TE ABRAZA CON TODO FERVOR REVOLUCIONARIO,

CHE "

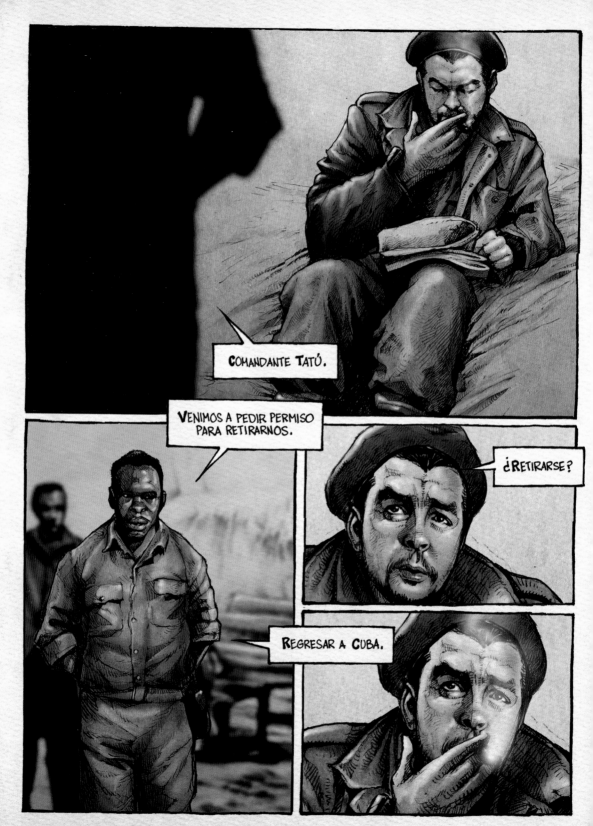

"PERSONALMENTE, TENÍA LA MORAL TERRIBLEMENTE DEPRIMIDA; ME SENTÍA CULPABLE DE AQUEL DESASTRE POR IMPREVISIÓN Y DEBILIDAD.

"HICE LA AMARGA REFLEXIÓN DE QUE QUEDÁBAMOS 13. UNO MÁS QUE LOS QUE TUVO FIDEL TRAS EL DESEMBARCO DEL 'GRANMA'...

"... PERO NO ERA EL MISMO JEFE."

"COMUNICADO A COMPAÑEROS EN EL CONGO:

1. DEBEMOS HACER TODO, MENOS LO ABSURDO.

2. SI A JUICIO DE TATÚ, NUESTRA PRESENCIA SE HACE INJUSTIFICABLE E INÚTIL, DEBEMOS PENSAR RETIRARNOS. DEBEN ACTUAR CONFORME SITUACIÓN OBJETIVA Y ESPÍRITU HOMBRES NUESTROS.

"3. SI CONSIDERAN DEBEN PERMANECER, TRATAREMOS DE ENVIAR CUANTOS RECURSOS HUMANOS Y MATERIALES ESTIMEN NECESARIOS.

"4. Nos preocupa que ustedes erróneamente tengan temor o actitud que asumen sea considerada derrotista o pesimista.

"5. Si deciden salir, Tatú puede mantener statu quo regresando a Cuba o permaneciendo en otro sitio. Cualquier decisión, apoyaremos.

" 6. EVITAR TODO ANIQUILAMIENTO."

"EMPEZÓ UN ESPECTÁCULO DOLOROSO, PLAÑIDERO Y SIN GLORIA. NO HUBO UN SOLO RASGO DE GRANDEZA EN ESA RETIRADA, NO HUBO UN SOLO GESTO DE REBELDÍA."

NO, ALEIDUCHA, DESPUÉS DE MI CARTA DE DESPEDIDA A FIDEL, NO PUEDO VOLVER PÚBLICAMENTE A CUBA. ESO ESTÁ DESCARTADO.

TENGO UNA OBLIGACIÓN CON LA CAUSA REVOLUCIONARIA. QUIERO IR DIRECTAMENTE A SUDAMÉRICA, PERO NO SÉ AÚN A DÓNDE.

MONJE, HAS SIDO UN BUEN AMIGO. COMO LÍDER DEL PARTIDO COMUNISTA BOLIVIANO, HAS DESARROLLADO UNA POLÍTICA INTERNACIONALISTA HACIA NOSOTROS. QUIERO AGRADECER TU AYUDA.

RESULTA QUE UN AMIGO COMÚN QUIERE VOLVER A SU PAÍS. ALGUIEN CUYO CALIBRE REVOLUCIONARIO NADIE PONE EN TELA DE JUICIO.

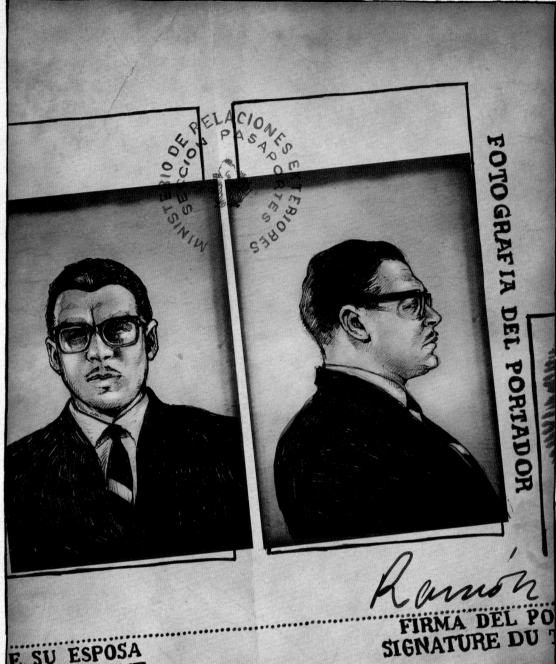

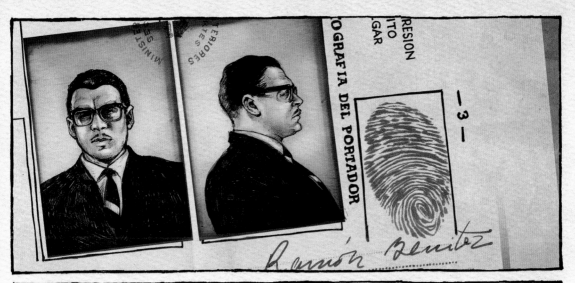

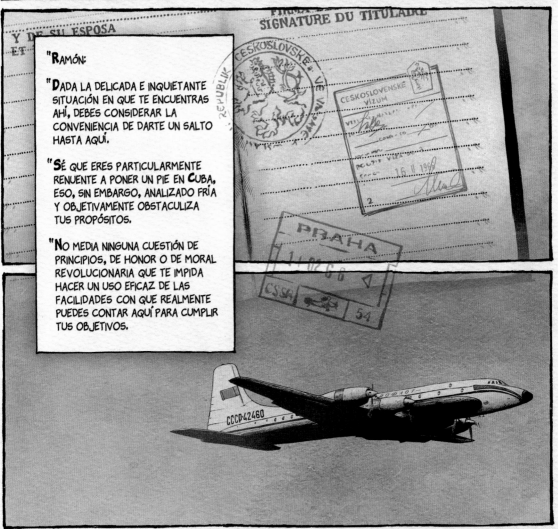

"RAMÓN:

"DADA LA DELICADA E INQUIETANTE SITUACIÓN EN QUE TE ENCUENTRAS AHÍ, DEBES CONSIDERAR LA CONVENIENCIA DE DARTE UN SALTO HASTA AQUÍ.

"SÉ QUE ERES PARTICULARMENTE RENUENTE A PONER UN PIE EN CUBA, ESO, SIN EMBARGO, ANALIZADO FRÍA Y OBJETIVAMENTE OBSTACULIZA TUS PROPÓSITOS.

"NO MEDIA NINGUNA CUESTIÓN DE PRINCIPIOS, DE HONOR O DE MORAL REVOLUCIONARIA QUE TE IMPIDA HACER UN USO EFICAZ DE LAS FACILIDADES CON QUE REALMENTE PUEDES CONTAR AQUÍ PARA CUMPLIR TUS OBJETIVOS.

"HACER DESDE AQUÍ TODO LO QUE PUEDES REALIZAR EN OTRO PUNTO NO SIGNIFICA NINGÚN FRAUDE, NINGUNA MENTIRA, NINGÚN ENGAÑO AL PUEBLO CUBANO.

"LO QUE SÍ SERÍA UNA FALTA GRAVE, IMPERDONABLE, ES HACER LAS COSAS MAL PUDIÉNDOLAS HACER BIEN.

"ESPERO NO TE PRODUZCAN FASTIDIO Y PREOCUPACIÓN ESTAS LÍNEAS. SÉ QUE SI LAS ANALIZAS SERENAMENTE ME DARÁS LA RAZÓN CON LA HONESTIDAD QUE TE CARACTERIZA.

"TE LAS ESCRIBO CON ENTRAÑABLE AFECTO Y LA MÁS PROFUNDA ADMIRACIÓN A TU LÚCIDA INTELIGENCIA, TU INTACHABLE CONDUCTA Y TU INQUEBRANTABLE CARÁCTER DE REVOLUCIONARIO ÍNTEGRO."

LES VOY A PRESENTAR A LA PERSONA QUE VA A ENTRENARLOS.

MIRE, DOCTOR, ÉSTE ES EL GRUPO AL CUAL USTED VA A DAR ENTRENAMIENTO.

BUENO, COMANDANTE, ME PARECE QUE TODOS SON UNOS COMEMIERDAS.

YO A TI TE CONOZCO. ¿TÚ NO ERES EL COMANDANTE PIÑARES?

MAMÁ, CREO QUE ESE HOMBRE ESTÁ ENAMORADO DE MÍ.

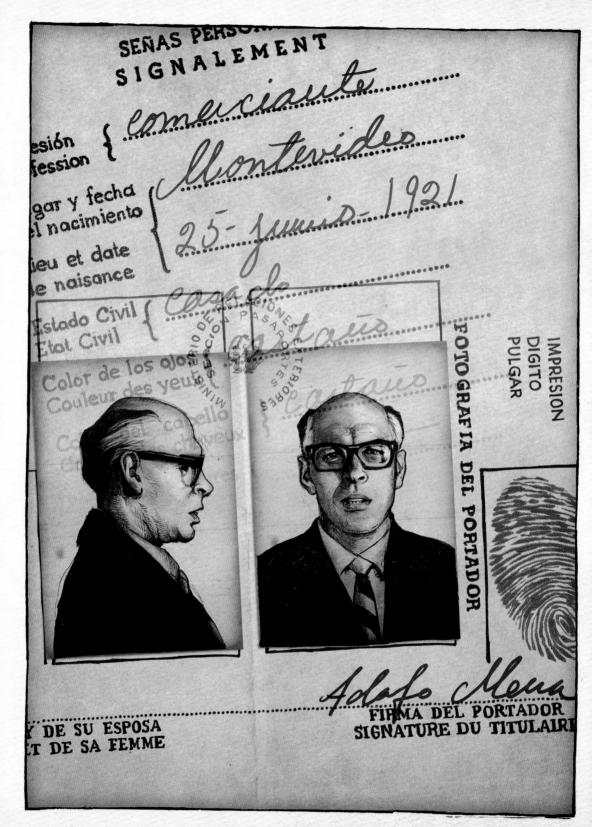

LA PAZ, BOLIVIA,
3 DE NOVIEMBRE DE 1966.

COPACABANA HOTEL

NOVIEMBRE 7, 1966.

"HOY COMIENZA UNA NUEVA ETAPA.

"EL VIAJE FUE BASTANTE BUENO. LUEGO DE ENTRAR CONVENIENTEMENTE DISFRAZADOS, HICIMOS LOS CONTACTOS Y VIAJAMOS EN JEEP EN DOS DÍAS Y EN DOS VEHÍCULOS.

Todo ha salido bastante bien: mi llegada sin inconvenientes; la mitad de la gente está aquí también sin inconvenientes, aunque se demoraron algo. El panorama se perfila bueno en esta región apartada.

Los planes son: esperar al resto de la gente, aumentar el número de bolivianos por lo menos hasta 20, y comenzar... la reacción de Monje...

"TODO HA SALIDO BASTANTE BIEN: MI LLEGADA SIN INCONVENIENTES; LA MITAD DE LA GENTE ESTÁ AQUÍ TAMBIÉN SIN INCONVENIENTES, AUNQUE SE DEMORARON ALGO.

"EL PANORAMA SE PERFILA BUENO EN ESTA REGIÓN APARTADA. LOS PLANES SON: ESPERAR AL RESTO DE LA GENTE, AUMENTAR EL NÚMERO DE BOLIVIANOS, POR LO MENOS HASTA 20, Y COMENZAR A OPERAR.

"FALTA AVERIGUAR LA REACCIÓN DE MONJE."

MONJE, ME TEMO QUE ESO ES IMPOSIBLE.

YO SOY EL COMANDANTE MILITAR PORQUE ESTOY MEJOR CAPACITADO PARA ELLO.

TÚ PUEDES SER JEFE NOMINAL DE LA GUERRILLA SI ESO TE SIRVE PARA SALVAR LAS APARIENCIAS.

MUY BIEN. INFORMARÉ AL PARTIDO SOBRE LA INMINENCIA DE LA GUERRA. AHORA QUISIERA HABLAR CON LOS COMPAÑEROS.

"COMO LO ESPERABA, LA ACTITUD DE MONJE FUE EVASIVA EN EL PRIMER MOMENTO Y TRAIDORA DESPUÉS.

"YA EL PARTIDO ESTÁ HACIENDO ARMAS CONTRA NOSOTROS Y NO SÉ DÓNDE LLEGARA, PERO ESO NO NOS FRENARÁ Y QUIZÁS, A LA LARGA, SEA BENEFICIOSO.

"LA GENTE MÁS HONESTA Y COMBATIVA ESTÁ AHORA CON NOSOTROS.

"AHORA COMIENZA LA ETAPA PROPIAMENTE GUERRILLERA Y PROBAREMOS LA TROPA; EL TIEMPO DIRÁ QUÉ DA Y CUÁLES SON LAS PERSPECTIVAS DE LA REVOLUCIÓN BOLIVIANA."

"FEBRERO 3.

"EL DÍA AMANECIÓ LLUVIOSO, POR LO QUE RETARDAMOS LA SALIDA HASTA LAS 8. LLEGAMOS AL ARROLLO A LAS 10, EMPAPADOS, Y SE RESOLVIÓ NO SEGUIR EN EL DÍA DE HOY. EL ARROYO NO PUEDE SER EL RÍO FRÍAS; SIMPLEMENTE NO ESTÁ EN EL MAPA.

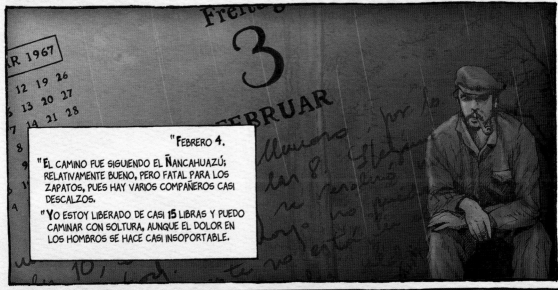

"FEBRERO 4.

"EL CAMINO FUE SIGUIENDO EL ÑANCAHUAZÚ; RELATIVAMENTE BUENO, PERO FATAL PARA LOS ZAPATOS, PUES HAY VARIOS COMPAÑEROS CASI DESCALZOS.

"YO ESTOY LIBERADO DE CASI 15 LIBRAS Y PUEDO CAMINAR CON SOLTURA, AUNQUE EL DOLOR EN LOS HOMBROS SE HACE CASI INSOPORTABLE.

"MARZO 17.

"OTRA VEZ LA TRAGEDIA ANTES DE PROBAR EL COMBATE. MIGUEL Y TUMA NO PUDIERON DOMINAR UNA BALSA Y ÉSTA SIGUIÓ ÑANCAHUAZÚ ABAJO, HASTA QUE LES TOMÓ UN REMOLINO QUE LA TUMBÓ. EL RESULTADO FINAL FUE LA PÉRDIDA DE VARIAS MOCHILAS, CASI TODAS LAS BALAS, **6** FUSILES Y UN HOMBRE.

"LA GENTE ESTÁ DÉBIL Y NO TODOS LOS BOLIVIANOS RESISTIRÁN.
LA PRÓXIMA ETAPA SERÁ DE COMBATE Y DECISIVA."

AGARRARON A DOS DESERTORES Y YA DIERON EL CHIVATAZO.

HABLARON DE "CUBANOS" Y DE UN "COMANDANTE" LLAMADO "RAMÓN".

YA SABEN QUE ESTAMOS AQUÍ. Y YA NO HAY DUDA DE QUE EL EJÉRCITO HA INICIADO OPERACIONES.

"ETAPA DE CONSOLIDACIÓN Y DEPURACIÓN CUMPLIDA A CABALIDAD. TENDREMOS QUE EMPRENDER EL CAMINO ANTES DE LO QUE YO CREÍA. LA SITUACIÓN NO ES BUENA, PERO AHORA COMIENZA OTRA ETAPA DE PRUEBA DE LA GUERRILLA QUE LE HA DE HACER MUCHO BIEN CUANDO LA SOBREPASE.

"LLEGARON A LA BASE, TANIA, EL FRANCÉS DEBRAY Y EL PELAO CIRO BUSTOS."

...ara Bunke

Régis Debray

Ciro Bustos

TÚ, DEBRAY, NECESITO QUE PROMUEVAS LA CAUSA CON UNA CAMPAÑA DE SOLIDARIDAD EN EUROPA.

TE VOY A DAR UNA CARTA PARA BERTRAND RUSSELL PARA PEDIRLE QUE APOYE LA CREACIÓN DE UN FONDO DE AYUDA AL MOVIMIENTO DE LIBERACIÓN BOLIVIANA.

PERO ANTES DE ESO, NECESITO QUE VAYAS A LA ISLA CON NOTICIAS.

NO, DEBRAY, USTEDES SON MÁS ÚTILES FUERA DE BOLIVIA. EL PELAO EN ARGENTINA Y TÚ AHORA CON LA COMUNICACIÓN CON CUBA.

PERO YO QUIERO COMBATIR, CHE.

ABRIL, 1967

"EL AISLAMIENTO SIGUE SIENDO TOTAL: LAS ENFERMEDADES HAN MINADO LA SALUD DE ALGUÑOS COMPAÑEROS, OBLIGÁNDONOS A DIVIDIRNOS EN DOS COLUMNAS, LO QUE NOS HA QUITADO MUCHA EFECTIVIDAD.

"LA BASE CAMPESINA SIGUE SIN DESARROLLARSE; AUNQUE PARECE QUE MEDIANTE EL TERROR PLANIFICADO, LOGRAREMOS LA NEUTRALIDAD DE LOS MÁS, EL APOYO VENDRÁ DESPUÉS.

"NO SE HA PRODUCIDO UNA SOLA INCORPORACIÓN BOLIVIANA."

2.000 EFECTIVOS MILITARES EN OPERACION ENVOLVENTE CERCAN A LOS GUERRILLEROS

LA PAZ, BOLIVIA: Un frente de 2.000 efectivos del ejército bolivia... do a un grupo de ...entran en amaipata y Camiri (mucho más al sur).

El 23 de marzo se produjo el primer choque en el valle de Ñancahuazú, el ...ultado fue negativo para las fuer... ...rcito que fueron embos... ...ctivos. El

Una unidad militar fie embosacad... riendo siete soldados, tomó veintiu... sioneros y obtuvieron una copia d... del ejército para combatirlos. Al d... ente un avión bombardeó los alre... del campamento y el 27 de marz... bate ganó la primera plana inter...

Las tropas guerrilleras comen... ...eces a circular por la zona co... ...arco que estaba de a...

112

SOY COMERCIANTE, NO SÉ BIEN NI CÓMO ME METÍ EN ESTO.

AMIGO, TENEMOS TODOS SUS DATOS; SABEMOS PERFECTAMENTE TODO LO QUE HACÍA EN ARGENTINA.

SU COMPAÑERO YA DECLARÓ QUE USTED HABLÓ CON EL CHE.

ESTÁ BIEN... EMPECEMOS DE NUEVO... MI NOMBRE ES CIRO BUSTOS Y NO SOY COMERCIANTE, SOY PINTOR.

SU AMIGO ES UN GRAN PINTOR: NOS HA HECHO LOS RETRATOS DE TODOS...

"DEBRAY Y BUSTOS CAYERON VÍCTIMAS DE SU APURO, CASI DESESPERACIÓN, POR SALIR Y DE MI FALTA DE ENERGÍA PARA IMPEDÍRSELO.

"DE MODO QUE TAMBIÉN SE CORTAN LAS COMUNICACIONES CON CUBA Y SE PIERDE EL ESQUEMA DE ACCIÓN EN LA ARGENTINA."

AGENTE RODRÍGUEZ, QUIERO TRATAR CON USTED UN ASUNTO DE LA MAYOR IMPORTANCIA.

TENEMOS INFORMES CONFIABLES DE QUE EL CHE GUEVARA SE ENCUENTRA EN BOLIVIA Y LA AGENCIA QUIERE ENVIAR HOMBRES PARA CAPTURARLO.

¿ACEPTA FORMAR PARTE DE LA MISIÓN?

"NO PODEMOS ELUDIR EL LLAMADO DE LA HORA. NOS LO ENSEÑA VIETNAM CON SU PERMANENTE LECCIÓN DE HEROÍSMO, SU TRÁGICA Y COTIDIANA LECCIÓN DE LUCHA Y DE MUERTE PARA LOGRAR LA VICTORIA FINAL...

"¡CÓMO PODRÍAMOS MIRAR EL FUTURO DE LUMINOSO Y CERCANO, SI DOS, TRES, MUCHOS VIETNAM FLORECIERAN EN SU SUPERFICIE DEL GLOBO BAJO EL EMBATE DEL ODIO CRECIENTE DE LOS PUEBLOS DEL MUNDO!

"TODA NUESTRA ACCIÓN ES UN GRITO DE GUERRA CONTRA EL IMPERIALISMO Y UN CLAMOR POR LA UNIDAD DE LOS PUEBLOS CONTRA EL GRAN ENEMIGO DEL GÉNERO HUMANO: LOS ESTADOS UNIDOS DE NORTEAMÉRICA.

"EN CUALQUIER LUGAR QUE NOS SORPRENDA LA MUERTE, BIENVENIDA SEA...

RECOMPENSA

ESTOS SON LOS BANDOLEROS MERCENARIOS AL SERVICIO DEL CASTROCOMUNISMO
ESTOS SON LOS CAUSANTES DE LUTO Y DOLOR EN LOS HOGARES BOLIVIANOS
INFORMACION QUE RESULTE CIERTA, DARA DERECHO A LA RECOMPENSA

Ciudadano Boliviano, Ayúdanos a Capturarlos Vivos en lo Posible

Pombo   Benigno   Urbano   Inti   Dario

NOTA.— Pueden usar barba o llevar otros nombres falsos

RECOMPENSA

Se ofrece la suma de 50.000.- Pesos bolivianos (Cincuenta millones de bolivianos) a quien entregue vivo o muerto, (Preferiblemente vivo) al guerrillero Ernesto "Che" Guevara, de quien se sabe con certeza de que se encuentra en territorio boliviano.

SEPTEMBER

RESUMEN DE SEPTIEMBRE.

"PARECEN SER CIERTAS VARIAS DE LAS NOTICIAS SOBRE MUERTOS DEL OTRO GRUPO, AL QUE SE DEBE DAR COMO LIQUIDADO, AUNQUE ES POSIBLE QUE DEAMBULE UN GRUPITO, REHUYENDO CONTACTO CON EL EJÉRCITO, PUES LA NOTICIA DE LA MUERTE CONJUNTA DE LOS 7 PUEDE SER FALSA, O POR LO MENOS EXAGERADA.

"LAS CARACTERÍSTICAS SON LAS MISMAS DEL MES PASADO, SALVO QUE AHORA SÍ EL EJÉRCITO ESTÁ MOSTRANDO MÁS EFECTIVIDAD EN SU ACCIÓN Y LA MASA CAMPESINA NO NOS AYUDA EN NADA Y SE CONVIERTEN EN DELATORES."

LA GENTE NOS TIENE MIEDO, EN CUANTO NOS VEN, DESAPARECEN.

OVEMBER 67

10 Wody · Zinstage 277·m)

Sonnabend

7

OKTOBER

5 12 19 26
6 13 20 27
7 14 21 28
1 8 15 22 29
2 9 16 23 30
3 10 17 24
4 11 18 25

7 DE OCTUBRE

"SE CUMPLIERON LOS **11** MESES DE NUESTRA INAUGURACIÓN GUERRILLERA SIN COMPLICACIONES, BUCÓLICAMENTE; HASTA LAS **12:30**, HORA EN QUE UNA VIEJA, PASTOREANDO SUS CHIVAS, ENTRÓ EN EL CAÑÓN EN QUE HABÍAMOS ACAMPADO Y HUBO QUE APRESARLA. LA MUJER NO HA DADO NINGUNA NOTICIA FIDEDIGNA SOBRE LOS SOLDADOS CONTESTANDO A TODO QUE NO SABE. ESTAMOS A UNA LEGUA DE HIGUERAS Y OTRA DE JAGUEY Y UNAS DOS DE PUCARÁ.

"A LAS **17:30**, INTI, ANICETO Y PABLITO FUERON A CASA DE LA VIEJA QUE TIENE UNA HIJA POSTRADA Y OTRA MEDIO ENANA; SE LE DIERON **50** PESOS CON EL ENCARGO DE QUE NO FUERA A HABLAR NI UNA PALABRA, PERO POCAS ESPERANZAS DE QUE CUMPLA A PESAR DE SUS PROMESAS."

RAMÓN, HAY SOLDADOS.

¡RÁPIDO; EN TRES GRUPOS!

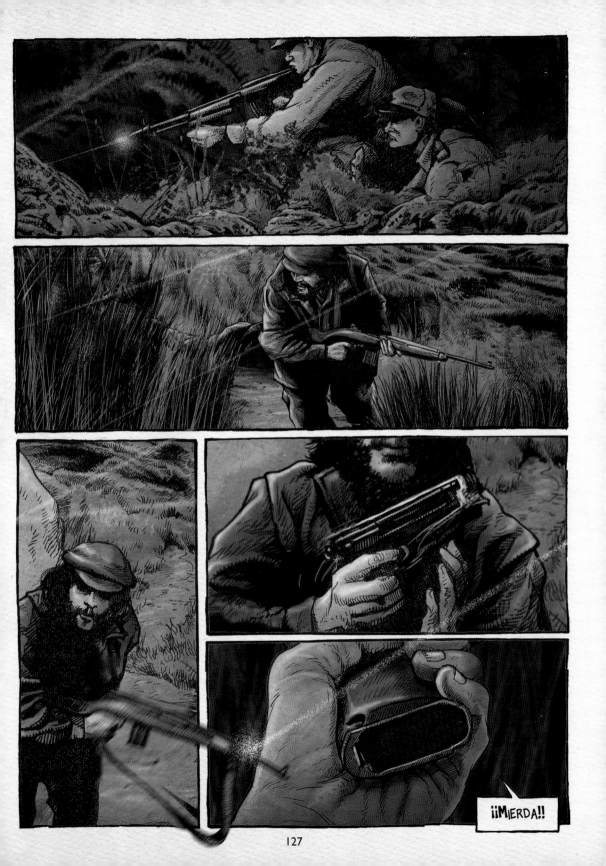

¡¡MIERDA!!

LA HIGUERA, BOLIVIA, 9 DE OCTUBRE DE 1967, 6:15 AM.

CAPITÁN ZENTENO...

CORONEL, LE PRESENTO AL AGENTE FÉLIX RODRÍGUEZ, ENVIADO DEL GOBIERNO DE LOS ESTADOS UNIDOS. EL AGENTE QUIERE VER AL PRISIONERO.

COMANDANTE GUEVARA.

NO VOY A ADMITIR NINGÚN INTERROGATORIO.

SÓLO QUIERO INTERCAMBIAR OPINIONES.

11:45 AM.

"LLEGÓ LA ORDEN DEL PRESIDENTE..."

COMANDANTE... LO LAMENTO.

HICE TODO LO POSIBLE. LA ORDEN VIENE DIRECTAMENTE DEL PRESIDENTE BOLIVIANO.

MEJOR ASÍ; NO DEBÍ PERMITIR QUE ME TOMARAN CON VIDA.

¿QUIERE ENVIAR UN MENSAJE A SU FAMILIA?

DÍGALE A FIDEL QUE PRONTO VERÁ UNA REVOLUCIÓN TRIUNFANTE EN AMÉRICA Y DÍGALE A MI ESPOSA QUE VUELVA A CASARSE Y TRATE DE SER FELIZ.

NO LE DISPARE A LA CARA, SINO DEL CUELLO PARA ABAJO. QUE PAREZCA QUE MURIÓ EN COMBATE.

1:10 PM.

"QUERIDOS HILDITA, ALEIDITA, CAMILO, CELIA Y ERNESTO:

"Si alguna vez tienen que leer esta carta, será porque yo no esté entre ustedes.

"Casi no se acordarán de mí y los más chiquitos no se recordarán nada.

"Su padre ha sido un hombre que actúa como piensa y, seguro, ha sido leal a sus convicciones.

"Crezcan como buenos revolucionarios.

"Acuérdense que la revolución es lo más importante y que cada uno de nosotros, solo, no vale nada.

"SOBRE TODO, SEAN SIEMPRE CAPACES DE SENTIR EN LO MAS HONDO CUALQUIER INJUSTICIA COMETIDA CONTRA CUALQUIERA EN CUALQUIER PARTE DEL MUNDO.

"ES LA CUALIDAD MÁS LINDA DE UN REVOLUCIONARIO.

"HASTA SIEMPRE, HIJITOS, ESPERO VERLOS TODAVÍA. UN BESO GRANDOTE Y UN GRAN ABRAZO DE
PAPÁ"

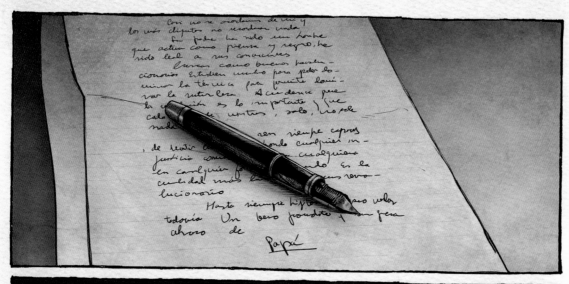

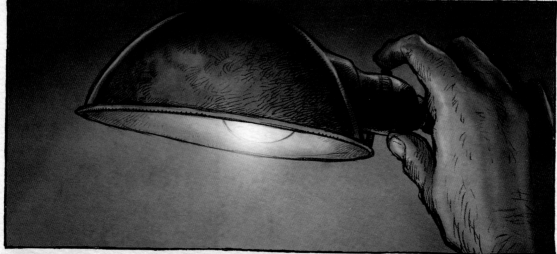

A Eduardo Del Río (1934-2017).

Gracias, Rius.

JOSÉ HERNÁNDEZ (Ciudad de México, 1965) es uno de los caricaturistas más conocidos de nuestro país. Sus monos aparecen regularmente en *La Jornada* y en *Proceso* y es, además, coeditor de *El Chamuco*. Junto con El Fisgón y Helguera, es coautor de los libros *El sexenio me da pena* y *El sexenio se me hace chiquito*. En Sexto Piso ha publicado, en coautoría con Fabrizio Mejía Madrid, *Septiembre. Zona de desastre* (2013) y, en coautoría con Jon Lee Anderson, la novela gráfica en tres tomos: *Che. Una vida revolucionaria*. En el 2001 obtuvo el Premio Nacional de Periodismo.

JON LEE ANDERSON (California, 1957) es un periodista especializado en temas políticos, especialmente en conflictos y guerras. Es colaborador habitual de *The New Yorker* e imparte cursos en diversos centros educativos del mundo. Ha desarrollado un estilo propio en la forma de escribir perfiles de personajes como Fidel Castro, el Che Guevara, Augusto Pinochet, el rey Juan Carlos I de España y Saddam Hussein. Ha publicado, entre otros, *Che Guevara. Una vida revolucionaria*; *El dictador, los demonios y otras crónicas*; y *La caída de Bagdad*, con el que obtuvo el Premio Reporteros del Mundo 2005. En Sexto Piso ha publicado *La herencia colonial y otras maldiciones* (2012), *Crónicas de un país que ya no existe. Libia, de Gadafi al colapso* (2015) y, en coautoría con José Hernández, la novela gráfica en tres tomos: *Che. Una vida revolucionaria*.

Che. Una
vida revolucionaria.
Libro 3. El sacrificio necesario
se terminó de imprimir en noviembre
de 2017 en los talleres de IMPRIMEX, Ramón Corona
88, col. Barrio San Miguel, del. Iztacalco,
CP 08650, Ciudad de México.

El tiraje fue de 2000
ejemplares.

★

SANTA CRUZ, BOLIVIA,
NOVIEMBRE DE 1995

SE INTEGRÓ UN PELOTÓN
ENCARGADO DE UN ENTIERRO
NOCTURNO CLANDESTINO...

AHÍ LOS ENTERRAMOS...

MARIO VARGAS SALINAS.
General retirado del Ejército Boliviano.

... EL CHE ESTÁ ENTERRADO EN UNA
FOSA COMÚN DEBAJO DE LA PISTA
AÉREA DE VALLEGRANDE

LOS OFICIALES NO QUERÍAN QUE HUBIERA UNA TUMBA QUE SE CONVIRTIERA EN UN LUGAR DE HOMENAJES PÚBLICOS.

NO QUERÍAN HACERLE SU SANTUARIO AL CHE.

ESPERABAN QUE SU DESAPARICIÓN PUSIERA FIN AL MITO DEL CHE GUEVARA.

DOS AÑOS DESPUÉS. JULIO DE 1997.

Claros indicios del hallazgo de los restos de 'Che' Guevara

El misterio sobre los restos de Ernesto *Che* Guevara, el más romántico guerrillero del siglo, está a punto de ser desvelado. El equipo de investigadores que halló hace dos semanas siete esqueletos en una fosa común en la localidad boliviana de Vallegrande dice contar con "serios indicios" de que el *esqueleto número dos* corresponde al Che. Éstos son los "serios indicios": el esqueleto no tiene manos, y al Che le fueron amputadas tras morir y enviadas a Argentina para la identificación del cadáver; los arcos super-ciliares son prominentes, como v... del guerrillero, y hay jirones... ropa que recuerdan las que lle... ...tima foto, cuando fue...

Exhuman pres... restos del Che... Bolivia; homen... a guerrill...os ca...

EN VALLEGRANDE QUEDÓ UNA LEYENDA ESCRITA EN LA PARED: "CHE VIVO, COMO NUNCA TE QUERÍAN". ESTA FRASE DESCRIBE EL VERDADERO LEGADO DEL CHE. SU PODEROSA PRESENCIA QUE TRASCIENDE EL TIEMPO Y EL ESPACIO SIGUE VIVA EN LA IMAGINACIÓN POPULAR. MIENTRAS SUS AMIGOS Y CAMARADAS MÁS ENTRAÑABLES SE MARCHITAN CON LOS AÑOS O SUCUMBEN AL BIENESTAR DE UNA EXISTENCIA QUE YA NO DA CABIDA A "LA REVOLUCIÓN", EL CHE PERMANECE INALTERABLE. ES INMORTAL PORQUE OTROS LO QUIEREN ASÍ, EJEMPLO SOLITARIO DEL HOMBRE NUEVO QUE VIVIÓ ALGUNA VEZ Y DESAFIÓ A OTROS A SEGUIRLO.